Jean de La Fontaine

Fables

Illustrées par Voutch

Un livre pour les vacances

Préface

Les Fables de La Fontaine sont éternelles à la fois dans leur forme, grâce à leur langue merveilleuse, et dans leur fond, grâce aux leçons de vie qu'elles donnent. Écrites il y a plus de trois siècles, elles continuent pourtant à nous éclairer.

C'est pourquoi, cette année encore, chers élèves de CM2, nous vous distribuons une sélection de fables. Certaines sont connues, d'autres moins, mais à chaque fois leur charme opère, car la légèreté de leur ton porte des vérités profondes sur les hommes. Avec vos professeurs, vous allez découvrir ces poèmes qui ont marqué des générations d'écoliers avant vous. Vous allez être étonnés par ces animaux qui arrivent à dire beaucoup de choses en peu de phrases dans une langue si belle qu'elle nous donne à aimer des mots parfois oubliés.

Pendant les vacances d'été, vous pourrez relire ces fables avec d'autant plus de plaisir que, cette année, elles sont illustrées par Voutch, l'un de nos dessinateurs les plus talentueux. Ses dessins montrent combien ces fables nourrissent toujours notre imagination, qu'elles sont des ponts entre notre présent et notre futur.

La lecture est une fête, car elle vous donne accès au monde et aux autres. C'est un plaisir qui vous transporte et vous élève. Je souhaite donc que ce livre vous donne envie d'en ouvrir beaucoup d'autres en vous rendant dans la bibliothèque de votre école, dans celle de votre village, de votre ville ou dans une librairie. Bonne lecture à tous et bonnes vacances.

Jean-Michel Blanquer

Ministre de l'Éducation Nationale
et de la Jeunesse

Jean de La Fontaine

Jean de la Fontaine est né en 1621. Quand son premier livre de fables paraît et rencontre le succès, en 1668, le roi Louis XIV est alors âgé de 30 ans. Ces fables sont sans aucun doute son œuvre majeure et il continuera à en écrire jusqu'à sa mort, en 1695. On en compte pas loin de 240.

Il s'est souvent inspiré des poèmes d'Ésope, un auteur de l'Antiquité qui écrivait en grec. Faire parler des animaux lui permet de critiquer les travers humains, la société, la cour, et parfois même les ministres ou le roi. Sous Louis XIV, la liberté d'expression était loin d'être aussi grande qu'aujourd'hui et déplaire pouvait attirer de sérieux ennuis.
C'est ce qui arriva à Nicolas Fouquet qui paya de dix-neuf années d'emprisonnement sa disgrâce auprès du Roi-Soleil. À sa chute, en 1661, le premier protecteur de La Fontaine, Fouquet, dut se séparer de son poète favori, qui passa alors sous la protection du roi et de Colbert.

La fable est un genre littéraire très ancien, d'origine populaire. C'est un récit court, parfois agrémenté de dialogues, servant à illustrer une morale, souvent placée à la fin du texte. Réciter des fables permet d'enseigner l'art de bien parler le français aux jeunes gens. Une bonne expression est en effet indispensable pour faire son chemin. C'était particulièrement vrai au XVIIe siècle. La noblesse et les personnes importantes du royaume se retrouvaient alors dans les salons pour partager le plaisir de la conversation.

Plus que tous les autres, La Fontaine nous a fait comprendre qu'une fable devait être drôle et intemporelle. De nombreuses morales de ses fables sont d'ailleurs devenues des proverbes toujours utilisés de nos jours. Ainsi les Fables continuent à nous fasciner plus de trois cents ans après avoir été écrites.

Le Coq et le Renard

Sur la branche d'un arbre était en sentinelle
Un vieux coq adroit et matois[1].
«Frère, dit un renard, adoucissant sa voix,
Nous ne sommes plus en querelle :
Paix générale cette fois.
Je viens te l'annoncer ; descends que je t'embrasse[2].
Ne me retarde point, de grâce :
Je dois faire aujourd'hui vingt postes sans manquer[3].
Les tiens et toi pouvez vaquer
Sans nulle crainte à vos affaires ;
Nous vous y servirons en frères.
Faites-en les feux dès ce soir.
Et cependant viens recevoir
Le baiser d'amour fraternelle[4].
—Ami, reprit le coq, je ne pouvais jamais
Apprendre une plus douce et meilleure nouvelle
Que celle
De cette paix ;
Et ce m'est une double joie
De la tenir de toi. Je vois deux lévriers,
Qui, je m'assure, sont courriers
Que pour ce sujet on envoie.
Ils vont vite, et seront dans un moment à nous.
Je descends ; nous pourrons nous entre-baiser tous.
—Adieu, dit le renard, ma traite est longue à faire :
Nous nous réjouirons du succès de l'affaire
Une autre fois.» Le galant[5] aussitôt
Tire ses grègues[6], gagne au haut[7],
Mal content de son stratagème ;
Et notre vieux coq en soi-même
Se mit à rire de sa peur ;
Car c'est double plaisir de tromper le trompeur.

(1) Rusé. (2) Que je te prenne dans mes bras. (3) 160 km, sans faute.
(4) Baiser de paix. (5) Renard. (6) S'enfuit. (7) S'éloigne.

Voutch

Voutch

La Grenouille qui se veut faire aussi grosse que le Bœuf

Une grenouille vit un bœuf
Qui lui sembla de belle taille.
Elle qui n'était pas grosse en tout comme un œuf,
Envieuse [1] s'étend, et s'enfle, et se travaille
Pour égaler l'animal en grosseur,
Disant : « Regardez bien, ma sœur ;
Est-ce assez ? dites-moi ; n'y suis-je point encore ?
— Nenni [2]. — M'y voici donc ? — Point du tout. — M'y voilà ?
— Vous n'en approchez point. » La chétive pécore [3]
S'enfla si bien qu'elle creva.

Le monde est plein de gens qui ne sont pas plus sages :
Tout bourgeois veut bâtir comme les grands seigneurs,
Tout petit prince a des ambassadeurs,
Tout marquis veut avoir des pages [4].

(1) Jalouse. (2) Non. (3) Stupide.
(4) Jeune noble au service d'un seigneur.

Le Loup et la Cigogne

Les loups mangent gloutonnement.
Un loup donc étant de frairie[1],
Se pressa, dit-on, tellement
Qu'il en pensa perdre la vie.
Un os lui demeura bien avant au gosier.
De bonheur pour ce loup, qui ne pouvait crier,
Près de là passe une cigogne.
Il lui fait signe, elle accourt.

Voilà l'opératrice[2] aussitôt en besogne.
Elle retira l'os ; puis pour un si bon tour
Elle demanda son salaire.
« Votre salaire ? dit le loup :
Vous riez, ma bonne commère.
Quoi ! ce n'est pas encor beaucoup
D'avoir de mon gosier retiré votre cou ?
Allez, vous êtes une ingrate ;
Ne tombez jamais sous ma patte. »

(1) Tout à son plaisir. (2) Chirurgienne.

Voutch

Voutch

L'Ours et l'Amateur des jardins

Certain ours montagnard, ours à demi léché,
Confiné par le Sort dans un bois solitaire,
Nouveau Bellérophon (1), vivait seul et caché :
Il fût devenu fou : la raison d'ordinaire
N'habite pas longtemps chez les gens séquestrés (2).
Il est bon de parler, et meilleur de se taire ;
Mais tous deux sont mauvais alors qu'ils sont outrés.
Nul animal n'avait affaire
Dans les lieux que l'ours habitait ;
Si bien que tout ours qu'il était
Il vint à s'ennuyer de cette triste vie.
Pendant qu'il se livrait à la mélancolie,
Non loin de là certain vieillard
S'ennuyait aussi de sa part.
Il aimait les jardins, était prêtre de Flore,
Il l'était de Pomone (3) encore :
Ces deux emplois sont beaux ; mais je voudrais parmi
Quelque doux et discret ami.
Les jardins parlent peu, si ce n'est dans mon livre ;
De façon que, lassé de vivre
Avec des gens muets, notre homme un beau matin
Va chercher compagnie, et se met en campagne.
L'ours porté d'un même dessein
Venait de quitter sa montagne :
Tous deux, par un cas surprenant,
Se rencontrent en un tournant.
L'homme eut peur : mais comment esquiver ? et que faire ?
Se tirer en Gascon d'une semblable affaire
Est le mieux : il sut donc dissimuler sa peur.

(1) Dieu grec, solitaire et mélancolique. (2) Séparés du monde.
(3) Déesses des fleurs et des vergers.

L'ours, très mauvais complimenteur,
Lui dit : « Viens-t'en me voir. » L'autre reprit : « Seigneur,
Vous voyez mon logis ; si vous me vouliez faire
Tant d'honneur que d'y prendre un champêtre repas,
J'ai des fruits, j'ai du lait : ce n'est peut-être pas
De Nosseigneurs les Ours le manger ordinaire ;
Mais j'offre ce que j'ai. » L'ours l'accepte ; et d'aller.
Les voilà bons amis avant que d'arriver.
Arrivés, les voilà se trouvant bien ensemble ;
Et bien qu'on soit à ce qu'il semble
Beaucoup mieux seul qu'avec des sots,
Comme l'ours en un jour ne disait pas deux mots,
L'homme pouvait sans bruit vaquer à son ouvrage.
L'ours allait à la chasse, apportait du gibier,
Faisait son principal métier
D'être bon émoucheur (4), écartait du visage
De son ami dormant ce parasite ailé
Que nous avons mouche appelé.
Un jour que le vieillard dormait d'un profond somme,
Sur le bout de son nez une allant se placer
Mit l'ours au désespoir ; il eut beau la chasser :
« Je t'attraperai bien, dit-il. Et voici comme. »
Aussitôt fait que dit : le fidèle émoucheur
Vous empoigne un pavé, le lance avec roideur,
Casse la tête à l'homme en écrasant la mouche,
Et non moins bon archer (5) que mauvais raisonneur,
Roide mort étendu sur la place il le couche.

Rien n'est si dangereux qu'un ignorant ami ;
Mieux vaudrait un sage ennemi.

(4) Celui qui chasse les mouches. (5) Habile à viser.

Voutch

Voutch

Le Cheval et l'Âne

En ce monde il se faut l'un l'autre secourir.
Si ton voisin vient à mourir,
C'est sur toi que le fardeau tombe.

Un âne accompagnait un cheval peu courtois,
Celui-ci ne portant que son simple harnois,
Et le pauvre baudet si chargé qu'il succombe.
Il pria le cheval de l'aider quelque peu :
Autrement il mourrait devant qu'être(1) à la ville.
« La prière, dit-il, n'en est pas incivile(2) :
Moitié de ce fardeau ne vous sera que jeu. »

Le cheval refusa, fit une pétarade(3) :
Tant qu'il vit sous le faix(4) mourir son camarade,
Et reconnut qu'il avait tort.
Du baudet, en cette aventure,
On lui fit porter la voiture(5),
Et la peau par-dessus encor.

(1) Avant d'être. (2) Impolie. (3) Ruade accompagnée de pets.
(4) Fardeau. (5) La charge transportée.

Le Rat de ville et le Rat des champs

Autrefois le rat de ville
Invita le rat des champs,
D'une façon fort civile,
À des reliefs d'ortolans[1].

Sur un tapis de Turquie
Le couvert se trouva mis.
Je laisse à penser la vie
Que firent ces deux amis.

Le régal fut fort honnête,
Rien ne manquait au festin ;
Mais quelqu'un troubla la fête,
Pendant qu'ils étaient en train.

À la porte de la salle
Ils entendirent du bruit :
Le rat de ville détale ;
Son camarade le suit.

Le bruit cesse, on se retire :
Rats en campagne aussitôt ;
Et le citadin de dire :
« Achevons tout notre rôt[2].

C'est assez, dit le rustique ;
Demain vous viendrez chez moi :
Ce n'est pas que je me pique
De tous vos festins de roi ;

Mais rien ne vient m'interrompre :
Je mange tout à loisir.
Adieu donc ; fi du plaisir[3]
Que la crainte peut corrompre. »

(1) Restes d'un bon repas de petits oiseaux.
(2) Repas. (3) Renonçons au plaisir.

Voutch

Le Loup et l'Agneau

La raison du plus fort est toujours la meilleure :
Nous l'allons montrer tout à l'heure[1].

Un agneau se désaltérait
Dans le courant d'une onde[2] pure.
Un loup survient à jeun qui cherchait aventure,
Et que la faim en ces lieux attirait.
« Qui te rend si hardi de troubler mon breuvage ?
Dit cet animal plein de rage :
Tu seras châtié de ta témérité[3].
– Sire, répond l'agneau, que Votre Majesté
Ne se mette pas en colère ;
Mais plutôt qu'elle considère
Que je me vas désaltérant
Dans le courant,
Plus de vingt pas au-dessous d'Elle,
Et que par conséquent, en aucune façon,
Je ne puis troubler sa boisson.
– Tu la troubles, reprit cette bête cruelle,
Et je sais que de moi tu médis[4] l'an passé.
– Comment l'aurais-je fait si je n'étais pas né ?
Reprit l'agneau, je tette encor ma mère.
– Si ce n'est toi, c'est donc ton frère.
– Je n'en ai point. – C'est donc quelqu'un des tiens :
Car vous ne m'épargnez guère,
Vous, vos bergers, et vos chiens.
On me l'a dit : il faut que je me venge. »
Là-dessus, au fond des forêts
Le loup l'emporte, et puis le mange,
Sans autre forme de procès.

(1) Maintenant. (2) L'eau.
(3) Courage insolent. (4) Tu as dit du mal.

L'Huître et les Plaideurs

Un jour deux pèlerins sur le sable rencontrent
Une huître, que le flot y venait d'apporter :
Ils l'avalent des yeux, du doigt ils se la montrent ;
À l'égard de la dent il fallut contester [1].
L'un se baissait déjà pour amasser [2] la proie ;
L'autre le pousse, et dit : « Il est bon de savoir
Qui de nous en aura la joie.
Celui qui le premier a pu l'apercevoir
En sera le gobeur ; l'autre le verra faire.
– Si par là on juge l'affaire,
Reprit son compagnon, j'ai l'œil bon, Dieu merci.
– Je ne l'ai pas mauvais aussi [3],
Dit l'autre, et je l'ai vue avant vous, sur ma vie.
– Eh bien ! vous l'avez vue, et moi je l'ai sentie. »

Pendant tout ce bel incident,
Perrin Dandin [4] arrive : ils le prennent pour juge.
Perrin fort gravement ouvre l'huître, et la gruge [5],
Nos deux messieurs le regardant.
Ce repas fait, il dit d'un ton de président :
« Tenez, la cour vous donne à chacun une écaille [6]
Sans dépens, et qu'en paix chacun chez soi s'en aille. »

Mettez ce qu'il en coûte à plaider aujourd'hui ;
Comptez ce qu'il en reste à beaucoup de familles ;
Vous verrez que Perrin tire l'argent à lui,
Et ne laisse aux plaideurs que le sac et les quilles [7].

(1) Discuter. (2) Ramasser. (3) Non plus. (4) Personnage de comédie.
(5) La mange. (6) Moitié de coquille. (7) Renvoie les plaideurs chez eux.

Voutch

Voutch

Le Cochet, le Chat et le Souriceau

Un souriceau tout jeune, et qui n'avait rien vu,
Fut presque pris au dépourvu.
Voici comme il conta l'aventure à sa mère :
« J'avais franchi les monts qui bornent cet État,
Et trottais comme un jeune rat
Qui cherche à se donner carrière (1),
Lorsque deux animaux m'ont arrêté les yeux :
L'un doux, bénin et gracieux,
Et l'autre turbulent, et plein d'inquiétude.
Il a la voix perçante et rude,

Sur la tête un morceau de chair,
Une sorte de bras dont il s'élève en l'air
Comme pour prendre sa volée,
La queue en panache étalée. »
Or c'était un cochet (2) dont notre souriceau
Fit à sa mère le tableau,
Comme d'un animal venu de l'Amérique.
« Il se battait, dit-il, les flancs avec ses bras,
Faisant tel bruit et tel fracas,
Que moi, qui grâce aux dieux de courage me pique (3),
En ai pris la fuite de peur,
Le maudissant de très bon cœur.

(1) À voyager pour découvrir le monde. (2) Jeune coq. (3) Me vante.

Sans lui j'aurais fait connaissance
Avec cet animal qui m'a semblé si doux.
Il est velouté comme nous,
Marqueté, longue queue, une humble contenance,
Un modeste regard, et pourtant l'œil luisant.
Je le crois fort sympathisant
Avec Messieurs les Rats ; car il a des oreilles
En figure aux nôtres pareilles.
Je l'allais aborder, quand d'un son plein d'éclat
L'autre m'a fait prendre la fuite.

—Mon fils, dit la souris, ce doucet (4) est un chat,
Qui sous son minois hypocrite
Contre toute ta parenté
D'un malin vouloir est porté.
L'autre animal tout au contraire,
Bien éloigné de nous mal faire (5),
Servira quelque jour peut-être à nos repas.
Quant au chat, c'est sur nous qu'il fonde sa cuisine (6).

Garde-toi, tant que tu vivras,
De juger des gens sur la mine. »

(4) Doucereux. (5) Faire du mal.
(6) Son alimentation.

Voutch

Voutch

Le Héron

Un jour, sur ses longs pieds, allait je ne sais où
Le héron au long bec emmanché d'un long cou :
Il côtoyait une rivière.
L'onde était transparente ainsi qu'aux plus beaux jours ;
Ma commère la carpe y faisait mille tours
Avec le brochet son compère.
Le héron en eût fait aisément son profit :
Tous approchaient du bord, l'oiseau n'avait qu'à prendre ;
Mais il crut mieux faire d'attendre
Qu'il eût un peu plus d'appétit :
Il vivait de régime, et mangeait à ses heures.
Après quelques moments l'appétit vint : l'oiseau
S'approchant du bord vit sur l'eau
Des tanches qui sortaient du fond de ces demeures.
Le mets ne lui plut pas ; il s'attendait à mieux,
Et montrait un goût dédaigneux
Comme le rat du bon Horace[1].
« Moi des tanches ? dit-il, moi héron que je fasse
Une si pauvre chère ? Et pour qui me prend-on ? »
La tanche rebutée[2] il trouva du goujon.
« Du goujon ! c'est bien là le dîner d'un héron !
J'ouvrirais pour si peu le bec ! aux dieux ne plaise ! »
Il l'ouvrit pour bien moins : tout alla de façon
Qu'il ne vit plus aucun poisson.
La faim le prit, il fut tout heureux et tout aise
De rencontrer un limaçon[3].

Ne soyons pas si difficiles :
Les plus accommodants, ce sont les plus habiles :
On hasarde de perdre en voulant trop gagner.

(1) Personnage d'une fable d'Horace. (2) Refusée. (3) Escargot.

Le Corbeau et le Renard

Maître Corbeau, sur un arbre perché,
Tenait en son bec un fromage.
Maître Renard, par l'odeur alléché (1),
Lui tint à peu près ce langage :
« Et bonjour, Monsieur du Corbeau.
Que vous êtes joli ! que vous me semblez beau !
Sans mentir, si votre ramage (2)
Se rapporte à votre plumage,
Vous êtes le Phénix (3) des hôtes de ces bois. »
À ces mots, le corbeau ne se sent pas de joie :

Et pour montrer sa belle voix,
Il ouvre un large bec, laisse tomber sa proie.
Le renard s'en saisit, et dit : « Mon bon Monsieur,
Apprenez que tout flatteur
Vit aux dépens de celui qui l'écoute.
Cette leçon vaut bien un fromage, sans doute. »
Le corbeau honteux et confus
Jura, mais un peu tard, qu'on ne l'y prendrait plus.

(1) Attiré. (2) Chant. (3) Oiseau fabuleux.

Voutch

Voutch

Le Milan et le Rossignol

Après que le milan, manifeste voleur,
Eut répandu l'alarme en tout le voisinage
Et fait crier sur lui les enfants du village,
Un rossignol tomba dans ses mains, par malheur.
Le héraut du printemps lui demande la vie :
« Aussi bien, que manger en qui n'a que le son ?
Écoutez plutôt ma chanson ;
Je vous raconterai Térée[1] et son envie.
— Qui, Térée ? est-ce un mets propre[2] pour les milans ?
— Non pas ; c'était un roi dont les feux violents
Me firent ressentir leur ardeur criminelle[3].
Je m'en vais vous en dire une chanson si belle
Qu'elle vous ravira : mon chant plaît à chacun. »
Le milan alors lui réplique :
« Vraiment, nous voici bien : lorsque je suis à jeun,
Tu me viens parler de musique.
— J'en parle bien aux rois. — Quand un roi te prendra,
Tu peux lui conter ces merveilles.
Pour un milan, il s'en rira :
Ventre affamé n'a point d'oreilles[4]. »

(1) Roi mythologique. (2) Adéquat.
(3) Le déchaînement des passions. (4) Ne peut rien entendre.

Le Lièvre et les Grenouilles

Un lièvre en son gîte[1] songeait
(Car que faire en un gîte, à moins que l'on ne songe ?) ;
Dans un profond ennui ce lièvre se plongeait :
Cet animal est triste, et la crainte le ronge.
« Les gens de naturel peureux
Sont, disait-il, bien malheureux ;
Ils ne sauraient manger morceau qui leur profite.
Jamais un plaisir pur, toujours assauts divers :
Voilà comme je vis : cette crainte maudite
M'empêche de dormir, sinon les yeux ouverts[2].
Corrigez-vous, dira quelque sage cervelle.
Et la peur se corrige-t-elle ?
Je crois même qu'en bonne foi
Les hommes ont peur comme moi. »
Ainsi raisonnait notre lièvre
Et cependant[3] faisait le guet.
Il était douteux[4], inquiet :
Un souffle, une ombre, un rien, tout lui donnait la fièvre.
Le mélancolique animal,
En rêvant à cette matière,
Entend un léger bruit : ce lui fut un signal
Pour s'enfuir devers[5] sa tanière.
Il s'en alla passer sur le bord d'un étang.
Grenouilles aussitôt de sauter dans les ondes,
Grenouilles de rentrer en leurs grottes profondes.
« Oh ! dit-il, j'en fais faire autant
Qu'on m'en fait faire ! Ma présence
Effraie aussi les gens, je mets l'alarme au camp !
Et d'où me vient cette vaillance ?
Comment ! des animaux qui tremblent devant moi !
Je suis donc un foudre de guerre ?
Il n'est, je le vois bien, si poltron sur la terre
Qui ne puisse trouver un plus poltron que soi. »

(1) Abri du lièvre. (2) Le lièvre ouvre l'œil au moindre bruit.
(3) Pendant ce temps. (4) Craintif. (5) Vers.

Voutch

Voutch

La Cigale et la Fourmi

La cigale, ayant chanté
Tout l'été,
Se trouva fort dépourvue[1]
Quand la bise[2] fut venue.
Pas un seul petit morceau
De mouche ou de vermisseau.
Elle alla crier famine
Chez la fourmi sa voisine,
La priant de lui prêter
Quelque grain pour subsister
Jusqu'à la saison nouvelle.
« Je vous paierai, lui dit-elle,
Avant l'Oût[3], foi[4] d'animal,
Intérêt et principal. »
La fourmi n'est pas prêteuse ;
C'est là son moindre défaut.
« Que faisiez-vous au temps chaud ?
Dit-elle à cette emprunteuse.
— Nuit et jour à tout venant
Je chantais, ne vous déplaise.
Vous chantiez ? j'en suis fort aise.
Eh bien ! dansez maintenant. »

(1) Sans rien. (2) Vent froid.
(3) Août. (4) Promesse.

Le Renard, le Loup et le Cheval

Un renard, jeune encor, quoique des plus madrés [1],
Vit le premier cheval qu'il eût vu de sa vie.
Il dit à certain loup, franc novice [2] : « Accourez :
Un animal paît dans nos prés,
Beau, grand ; j'en ai la vue encor toute ravie.
— Est-il plus fort que nous ? dit le loup en riant.
Fais-moi son portrait, je te prie.
— Si j'étais quelque peintre ou quelque étudiant,
Repartit le renard, j'avancerais [3] la joie
Que vous aurez en le voyant.
Mais venez. Que sait-on ? peut-être est-ce une proie
Que la Fortune nous envoie. »
Ils vont ; et le cheval, qu'à l'herbe on avait mis [4],
Assez peu curieux de semblables amis,
Fut presque sur le point d'enfiler la venelle [5].
« Seigneur, dit le renard, vos humbles serviteurs
Apprendraient volontiers comment on vous appelle. »
Le cheval, qui n'était dépourvu de cervelle,
Leur dit : « Lisez mon nom, vous le pouvez, Messieurs :
Mon cordonnier l'a mis autour de ma semelle. »
Le renard s'excusa sur son peu de savoir.
« Mes parents, reprit-il, ne m'ont point fait instruire ;
Ils sont pauvres et n'ont qu'un trou [6] pour tout avoir.
Ceux du loup, gros messieurs, l'ont fait apprendre à lire. »
Le loup, par ce discours flatté,
S'approcha ; mais sa vanité
Lui coûta quatre dents : le cheval lui desserre [7]
Un coup ; et haut le pied [8]. Voilà mon loup par terre
Mal en point, sanglant et gâté [9].
« Frère, dit le renard, ceci nous justifie
Ce que m'ont dit des gens d'esprit :
Cet animal vous a sur la mâchoire écrit
Que de tout inconnu le sage se méfie. »

(1) Rusés. (2) Débutant. (3) Je mettrais en avant. (4) Mis au pâturage. (5) De s'enfuir. (6) Terrier. (7) Décoche. (8) Part au galop. (9) En piteux état.

Voutch

L'Ours et les deux Compagnons

Deux compagnons pressés d'argent
À leur voisin fourreur vendirent
La peau d'un ours encor vivant,
Mais qu'ils tueraient bientôt, du moins à ce qu'ils dirent.
C'était le roi des ours au compte de ces gens.
Le marchand à sa peau devait faire fortune.
Elle garantirait des froids les plus cuisants.
On en pourrait fourrer plutôt deux robes qu'une.
Dindenaut [1] prisait moins ses moutons qu'eux leur ours :
Leur, à leur compte, et non à celui de la bête.
S'offrant de la livrer au plus tard dans deux jours,
Ils conviennent de prix, et se mettent en quête,
Trouvent l'ours qui s'avance, et vient vers eux au trot.
Voilà mes gens frappés comme d'un coup de foudre.
Le marché ne tint pas ; il fallut le résoudre :
D'intérêts contre l'ours, on n'en dit pas un mot.
L'un des deux compagnons grimpe au faîte d'un arbre ;

(1) Marchand de moutons, dans un livre de Rabelais.

L'autre, plus froid que n'est un marbre,
Se couche sur le nez, fait le mort, tient son vent[2],
Ayant quelque part ouï dire[3]
Que l'ours s'acharne peu souvent
Sur un corps qui ne vit, ne meut, ni ne respire.
Seigneur Ours, comme un sot, donna dans ce panneau.
Il voit ce corps gisant, le croit privé de vie,
Et de peur de supercherie
Le tourne, le retourne, approche son museau,
Flaire aux passages de l'haleine.
«C'est, dit-il, un cadavre ; ôtons-nous, car il sent.»

À ces mots, l'ours s'en va dans la forêt prochaine.
L'un de nos deux marchands de son arbre descend,
Court à son compagnon, lui dit que c'est merveille
Qu'il n'ait eu seulement que la peur pour tout mal.
«Eh bien, ajouta-t-il, la peau de l'animal ?
Mais que t'a-t-il dit à l'oreille ?
Car il s'approchait de bien près,
Te retournant avec sa serre[4].
—Il m'a dit qu'il ne faut jamais
Vendre la peau de l'ours qu'on[5] ne l'ait mis par terre.»

(2) Retient son souffle. (3) Entendu dire. (4) Griffe. (5) Avant qu'on.

Voutch

Les Loups et les Brebis

Après mille ans et plus de guerre déclarée,
Les loups firent la paix avecque les brebis.
C'était apparemment le bien des deux partis :
Car si les loups mangeaient mainte bête égarée,
Les bergers de leur peau se faisaient maints habits.
Jamais de liberté, ni pour les pâturages,
Ni d'autre part pour les carnages.
Ils ne pouvaient jouir qu'en tremblant de leurs biens.
La paix se conclut donc ; on donne des otages :
Les loups leurs louveteaux, et les brebis leurs chiens.
L'échange en étant fait aux formes ordinaires,
Et réglé par des commissaires (1),
Au bout de quelque temps que Messieurs les Louvats (2)
Se virent loups parfaits et friands de tuerie (3),
Ils vous prennent le temps (4) que dans la bergerie
Messieurs les Bergers n'étaient pas,
Étranglent la moitié des agneaux les plus gras,
Les emportent aux dents, dans les bois se retirent.
Ils avaient averti leurs gens secrètement.
Les chiens, qui, sur leur foi, reposaient sûrement,
Furent étranglés en dormant :
Cela fut sitôt fait qu'à peine ils le sentirent.
Tout fut mis en morceaux ; un seul n'en échappa.

Nous pouvons conclure de là
Qu'il faut faire aux méchants guerre continuelle.
La paix est fort bonne de soi (5),
J'en conviens ; mais de quoi (6) sert-elle
Avec des ennemis sans foi ?

(1) Contrôleurs. (2) Louveteaux. (3) Ayant envie de tuer.
(4) Choisissent le moment. (5) En soi. (6) À quoi.

Le Lièvre et la Tortue

Rien ne sert de courir ; il faut partir à point.
Le lièvre et la tortue en sont un témoignage.
« Gageons [1], dit celle-ci, que vous n'atteindrez point
Sitôt que moi ce but. – Sitôt ? Êtes-vous sage ?
Repartit l'animal léger [2].
Ma commère, il vous faut purger
Avec quatre grains d'ellébore [3].
– Sage ou non, je parie encore. »
Ainsi fut fait : et de tous deux
On mit près du but les enjeux :
Savoir quoi, ce n'est pas l'affaire,
Ni de quel juge l'on convint.
Notre lièvre n'avait que quatre pas à faire ;
J'entends de ceux qu'il fait lorsque prêt d'être atteint
Il s'éloigne des chiens, les renvoie aux calendes,
Et leur fait arpenter les landes.
Ayant, dis-je, du temps de reste pour brouter,
Pour dormir, et pour écouter
D'où vient le vent, il laisse la tortue
Aller son train de sénateur [4].
Elle part, elle s'évertue ;
Elle se hâte avec lenteur.
Lui cependant méprise une telle victoire,
Tient la gageure [5] à peu de gloire,
Croit qu'il y va de son honneur
De partir tard. Il broute, il se repose,
Il s'amuse à toute autre chose
Qu'à la gageure. À la fin quand il vit
Que l'autre touchait presque au bout de la carrière [6],
Il partit comme un trait ; mais les élans qu'il fit
Furent vains : la tortue arriva la première.
« Eh bien ! lui cria-t-elle, avais-je pas raison ?
De quoi vous sert votre vitesse ?
Moi, l'emporter ! et que serait-ce
Si vous portiez une maison ? »

(1) Parions. (2) Le lièvre. (3) Type de plantes. (4) Aller lentement. (5) Le pari. (6) De la course.

Voutch

Voutch

Le Renard et l'Écureuil

Il ne se faut jamais moquer des misérables,
Car qui peut s'assurer d'être toujours heureux ?
Le sage Ésope dans ses fables
Nous en donne un exemple ou deux ;
Je ne les cite point, et certaine chronique [1]
M'en fournit un plus authentique.
Le renard se moquait un jour de l'écureuil
Qu'il voyait assailli d'une forte tempête :
« Te voilà, disait-il, près d'entrer au cercueil,
Et de ta queue en vain tu te couvres la tête.
Plus tu t'es approché du faîte,
Plus l'orage te trouve en butte à tous ses coups [2].
Tu cherchais les lieux hauts et voisins de la foudre :
Voilà ce qui t'en prend ; moi qui cherche des trous,
Je ris, en attendant que tu sois mis en poudre [3]. »
Tandis qu'ainsi le renard se gabait [4],
Il prenait maint pauvre poulet
Au gobet [5] ;
Lorsque l'ire du Ciel à l'écureuil pardonne :
Il n'éclaire plus, ni ne tonne ;
L'orage cesse ; et le beau temps venu
Un chasseur ayant aperçu
Le train de ce renard autour de sa tanière :
« Tu paieras, dit-il, mes poulets. »
Aussitôt nombre de bassets
Vous fait déloger le compère.
L'écureuil l'aperçoit qui fuit
Devant la meute qui le suit.
Ce plaisir ne lui dure guère,
Car bientôt il le voit aux portes du trépas.
Il le voit ; mais il n'en rit pas,
Instruit par sa propre misère.

(1) Allusion probable au procès de Fouquet. (2) Bourrasques de vent.
(3) En poussière. (4) Se moquait. (5) Au cou.

Le Villageois et le Serpent

Ésope conte qu'un manant[1],
Charitable autant que peu sage,
Un jour d'hiver se promenant
À l'entour de son héritage[2],
Aperçut un serpent sur la neige étendu,
Transi, gelé, perclus, immobile rendu,
N'ayant pas à vivre un quart d'heure.
Le villageois le prend, l'emporte en sa demeure,
Et sans considérer quel sera le loyer[3]
D'une action de ce mérite,
Il l'étend le long du foyer,
Le réchauffe, le ressuscite.
L'animal engourdi sent à peine le chaud,
Que l'âme lui revient avecque la colère.
Il lève un peu la tête, et puis siffle aussitôt,
Puis fait un long repli, puis tâche à faire un saut
Contre son bienfaiteur, son sauveur et son père.
« Ingrat, dit le manant, voilà donc mon salaire ?
Tu mourras. » À ces mots, plein d'un juste courroux[4],
Il vous prend sa cognée[5], il vous tranche la bête,
Il fait trois serpents de deux coups,
Un tronçon, la queue, et la tête.
L'insecte[6], sautillant, cherche à se réunir,
Mais il ne put y parvenir.

Il est bon d'être charitable ;
Mais envers qui ? c'est là le point.
Quant aux ingrats, il n'en est point
Qui ne meure enfin misérable.

(1) Paysan. (2) Sa propriété. (3) La récompense. (4) D'une juste colère. (5) Sa hache. (6) Le serpent.

Voutch

Le Cochon, la Chèvre et le Mouton

Une chèvre, un mouton, avec un cochon gras,
Montés sur même char s'en allaient à la foire.
Leur divertissement ne les y portait pas ;
On s'en allait les vendre, à ce que dit l'histoire.
Le charton [1] n'avait pas dessein
De les mener voir Tabarin [2].
Dom Pourceau [3] criait en chemin
Comme s'il avait eu cent bouchers à ses trousses.
C'était une clameur à rendre les gens sourds :
Les autres animaux, créatures plus douces,
Bonnes gens, s'étonnaient qu'il criât au secours ;
Ils ne voyaient nul mal à craindre.
Le charton dit au porc : « Qu'as-tu tant à te plaindre ?
Tu nous étourdis tous, que ne te tiens-tu coi [4] ?
Ces deux personnes-ci, plus honnêtes que toi,
Devraient t'apprendre à vivre, ou du moins à te taire.
Regarde ce mouton : a-t-il dit un seul mot ?
Il est sage. – Il est un sot,
Repartit le cochon ; s'il savait son affaire,
Il crierait comme moi, du haut de son gosier,
Et cette autre personne honnête
Crierait tout du haut de sa tête.
Ils pensent qu'on les veut seulement décharger,
La chèvre de son lait, le mouton de sa laine.
Je ne sais pas s'ils ont raison ;
Mais quant à moi, qui ne suis bon
Qu'à manger, ma mort est certaine.
Adieu mon toit et ma maison. »
Dom Pourceau raisonnait en subtil personnage.
Mais que lui servait-il ? Quand le mal est certain,
La plainte ni la peur ne changent le destin ;
Et le moins prévoyant est toujours le plus sage.

(1) Cocher. (2) Célèbre comédien comique de l'époque.
(3) Le cochon. (4) Pourquoi ne te tais-tu pas ?

Le Cerf se voyant dans l'eau

Dans le cristal d'une fontaine
Un cerf se mirant autrefois
Louait la beauté de son bois,
Et ne pouvait qu'avecque peine
Souffrir ses jambes de fuseaux,
Dont il voyait l'objet se perdre dans les eaux.
« Quelle proportion de mes pieds à ma tête !
Disait-il en voyant leur ombre avec douleur :
Des taillis les plus hauts mon front atteint le faîte ;
Mes pieds ne me font point d'honneur. »
Tout en parlant de la sorte,
Un limier (1) le fait partir.
Il tâche à se garantir (2) ;
Dans les forêts il s'emporte (3).
Son bois, dommageable ornement,
L'arrêtant à chaque moment,
Nuit à l'office (4) que lui rendent
Ses pieds, de qui ses jours dépendent.
Il se dédit alors, et maudit les présents
Que le Ciel lui fait tous les ans (5).

Nous faisons cas du beau, nous méprisons l'utile ;
Et le beau souvent nous détruit.
Ce cerf blâme ses pieds qui le rendent agile ;
Il estime un bois qui lui nuit.

(1) Chien de chasse. (2) À assurer sa survie. (3) Il s'enfuit. (4) Aux services.
(5) Les bois des cerfs tombent et repoussent chaque année.

Voutch

La Grenouille et le Rat

Tel, comme dit Merlin, cuide[1] engeigner[2] autrui,
Qui souvent s'engeigne soi-même.
J'ai regret que ce mot soit trop vieux aujourd'hui :
Il m'a toujours semblé d'une énergie extrême.
Mais afin d'en venir au dessein que j'ai pris,
Un rat plein d'embonpoint, gras, et des mieux nourris,
Et qui ne connaissait l'Avent ni le Carême[3],
Sur le bord d'un marais égayait ses esprits[4].
Une grenouille approche, et lui dit en sa langue :
« Venez me voir chez moi, je vous ferai festin. »
Messire Rat promit soudain[5] :
Il n'était pas besoin de plus longue harangue[6].
Elle allégua pourtant les délices du bain,
La curiosité, le plaisir du voyage,
Cent raretés à voir le long du marécage :
Un jour il conterait à ses petits-enfants
Les beautés de ces lieux, les mœurs des habitants,
Et le gouvernement de la chose publique
Aquatique.
Un point sans plus tenait le galant[7] empêché :
Il nageait quelque peu ; mais il fallait de l'aide.
La grenouille à cela trouve un très bon remède :
Le rat fut à son pied par la patte attaché ;
Un brin de jonc en fit l'affaire.

(1) Croit. (2) Tromper. (3) Fêtes religieuses qui imposent de jeûner.
(4) Se distrayait. (5) Aussitôt. (6) De plus long discours. (7) Le rat.

Dans le marais entrés, notre bonne commère
S'efforce de tirer son hôte au fond de l'eau,
Contre le droit des gens, contre la foi jurée ;
Prétend qu'elle en fera gorge-chaude et curée [8];
(C'était, à son avis, un excellent morceau.)
Déjà dans son esprit la galante [9] le croque.
Il atteste les dieux ; la perfide s'en moque.

Il résiste ; elle tire. En ce combat nouveau,
Un milan [10] qui dans l'air planait, faisait la ronde,
Voit d'en haut le pauvret se débattant sur l'onde.
Il fond dessus, l'enlève, et, par même moyen
La grenouille et le lien.
Tout en fut ; tant et si bien,
Que de cette double proie
L'oiseau se donne au cœur joie [11],
Ayant de cette façon
À souper chair et poisson.

La ruse la mieux ourdie [12]
Peut nuire à son inventeur ;
Et souvent la perfidie
Retourne sur son auteur.

(8) Qu'elle en rira et s'en régalera. (9) La grenouille.
(10) Oiseau de proie. (11) Se réjouit. (12) Préparée.

Voutch

Voutch

Le Coche et la Mouche

Dans un chemin montant, sablonneux, malaisé,
Et de tous les côtés au soleil exposé,
Six forts chevaux tiraient un coche[1].
Femmes, moine, vieillards, tout était descendu.
L'attelage suait, soufflait, était rendu[2].
Une mouche survient, et des chevaux s'approche,
Prétend les animer par son bourdonnement ;
Pique l'un, pique l'autre, et pense à tout moment
Qu'elle fait aller la machine,
S'assied sur le timon, sur le nez du cocher.
Aussitôt que le char chemine,
Et qu'elle voit les gens marcher,
Elle s'en attribue uniquement la gloire,
Va, vient, fait l'empressée ; il semble que ce soit
Un sergent de bataille[3] allant en chaque endroit
Faire avancer ses gens et hâter la victoire.
La mouche en ce commun besoin
Se plaint qu'elle agit seule, et qu'elle a tout le soin[4] ;
Qu'aucun[5] n'aide aux chevaux à se tirer d'affaire.
Le moine disait son bréviaire ;
Il prenait bien son temps ! une femme chantait ;
C'était bien de chansons qu'alors il s'agissait !
Dame Mouche s'en va chanter à leurs oreilles,
Et fait cent sottises pareilles.
Après bien du travail le coche arrive au haut[6].
« Respirons maintenant, dit la mouche aussitôt :
J'ai tant fait que nos gens sont enfin dans la plaine.
Çà, Messieurs les Chevaux, payez-moi de ma peine. »

Ainsi certaines gens, faisant les empressés,
S'introduisent dans les affaires :
Ils font partout les nécessaires,
Et, partout importuns[7], devraient être chassés.

(1) Sorte de gros carrosse. (2) Épuisé. (3) Officier d'infanterie. (4) Qu'elle fait tous les efforts. (5) Que personne. (6) Au sommet. (7) Gênants.

Le Lion et le Chasseur

Un fanfaron amateur de la chasse,
Venant de perdre un chien de bonne race,
Qu'il soupçonnait dans le corps d'un lion[(1)],
Vit un berger. «Enseigne-moi, de grâce,
De mon voleur, lui dit-il, la maison,
Que de ce pas je me fasse raison[(2)].»
Le berger dit : «C'est vers cette montagne.
En lui payant de tribut[(3)] un mouton
Par chaque mois, j'erre dans la campagne
Comme il me plaît, et je suis en repos.»
Dans le moment qu'ils tenaient ces propos,
Le lion sort, et vient d'un pas agile.
Le fanfaron aussitôt d'esquiver[(4)].
«Ô Jupiter[(5)], montre-moi quelque asile,
S'écria-t-il, qui me puisse sauver.»

La vraie épreuve de courage
N'est que dans le danger que l'on touche du doigt.
«Tel le cherchait, dit-il, qui changeant de langage
S'enfuit aussitôt qu'il le voit.»

(1) Dévoré par un lion. (2) Que je me fasse justice. (3) Rétribution.
(4) De s'enfuir. (5) Dieu des dieux, maître de l'univers.

Voutch

Voutch

L'Âne et le Chien

Il se faut entr'aider : c'est la loi de Nature.
L'âne un jour pourtant s'en moqua :
Et ne sais comme [1] il y manqua,
Car il est bonne créature.
Il allait par pays [2] accompagné du chien,
Gravement, sans songer à rien ;
Tous deux suivis d'un commun maître.

Ce maître s'endormit. L'âne se mit à paître :
Il était alors dans un pré,
Dont l'herbe était fort à son gré.
Point de chardons pourtant ; il s'en passa pour l'heure :
Il ne faut pas toujours être si délicat ;
Et faute de servir ce plat [3]
Rarement un festin demeure.
Notre baudet s'en sut enfin
Passer pour cette fois. Le chien, mourant de faim,
Lui dit : « Cher compagnon, baisse-toi, je te prie ;
Je prendrai mon dîné [4] dans le panier au pain. »

(1) J'ignore pourquoi. (2) Il voyageait. (3) Même quand ce plat est absent. (4) Repas.

Point de réponse, mot : le roussin d'Arcadie[5]
Craignit qu'en perdant un moment,
Il ne perdît un coup de dent.
Il fit longtemps la sourde oreille ;
Enfin il répondit : « Ami, je te conseille
D'attendre que ton maître ait fini son sommeil ;
Car il te donnera sans faute à son réveil,
Ta portion accoutumée[6].
Il ne saurait tarder beaucoup. »

Sur ces entrefaites un loup
Sort du bois, et s'en vient ; autre bête affamée.
L'âne appelle aussitôt le chien à son secours.
Le chien ne bouge, et dit : « Ami, je te conseille
De fuir, en attendant que ton maître s'éveille ;
Il ne saurait tarder ; détale vite, et cours.
Que si ce loup t'atteint, casse-lui la mâchoire.
On t'a ferré de neuf ; et si tu me veux croire,
Tu l'étendras tout plat. » Pendant ce beau discours
Seigneur Loup étrangla le baudet sans remède.

Je conclus qu'il faut qu'on s'entraide.

(5) Expression péjorative pour désigner un âne. (6) Habituelle.

Voutch

Table des matières

Ministre de l'Éducation nationale
Jean-Michel Blanquer

Directeur de publication
Jean-Marie Panazol

Illustration et mise en pages
Voutch

Coordination
Jean-Thomas Rieux

Fabrication
Maud Percie-du-Sert

ISBN : 978-2-240-04973-5

Réseau Canopé
(établissement public à caractère administratif)
Téléport 1 – Bât. @4
1, avenue du Futuroscope – CS 80158
86961 Futuroscope Cedex

Imprimé en France par l'imprimerie Vincent
Dépôt légal : juin 2019
Exemplaire gratuit – Ne peut être vendu